DÉBUT D'UNE SÉRIE DE DOCUMENTS
EN COULEUR

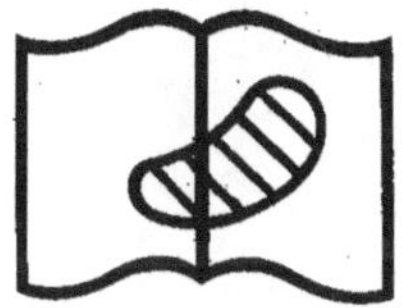

Illisibilité partielle

Couverture inférieure manquante

VALABLE POUR TOUT OU PARTIE DU
DOCUMENT REPRODUIT

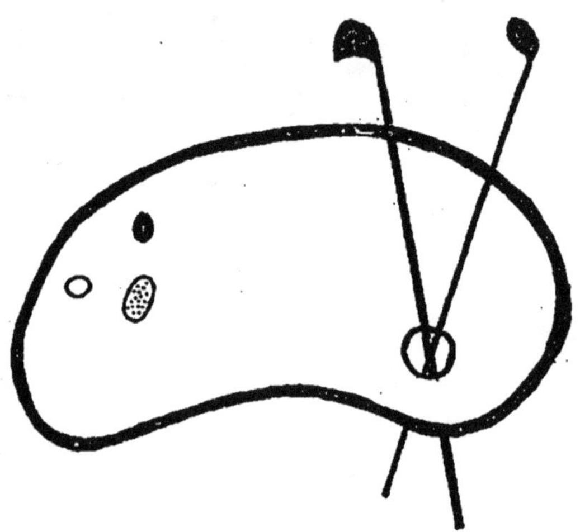

FIN D'UNE SERIE DE DOCUMENTS
EN COULEUR

LE

LABARUM ANTI-MAÇONNIQUE

BIBLIOTHÈQUE ANTIMAÇONNIQUE

Série de brochures de vulgarisation à **0** *fr.* **50** *c.* (*in-12*)
(*Franco, par la poste :* **0** *fr.* **60** *c,*).

Deux brochures de cette collection paraîtront par mois EN MOYENNE ; elles seront annoncées à l'avance, au fur et à mesure, sur la couverture de l'**Anti-Maçon**, *organe officiel de la Ligue du Labarum*, édité par la LIBRAIRIE ANTIMAÇONNIQUE, A. Pierret, 37, rue Etienne-Marcel, Paris

Voici la nomenclature des sujets déjà arrêtés et qui seront traités successivement, sans que les dites brochures paraissent toutefois rigoureusement dans l'ordre de cette énumération ; de même, la mise en vente n'aura pas lieu à date fixe, mais aussitôt qu'une des brochures sera prête et annoncée par l'*Anti-Maçon*.

Jeanne d'Arc et la Franc-Maçonnerie (*en vente*). — **Le Labarum Anti-Maçonnique** ; Statuts de l'ordre : déclaration de principes, grandes constitutions, etc (*en vente*). — **Eva! la Franc-Maçonnerie et la Française** (*en vente vers le 10 mars*). — **Garcia Moreno.** — **Les Enfouisseurs.** — **Albert Pike** (biographie). — **Inter pocula !** (souvenirs d'agapes maçonniques). — **La Franc-Maçonnerie dans l'Armée.** — **Les Convents Maçonniques.** — **Isaac-Adolphe Crémieux** (biographie) **La Loque Noire ou le Complot des Kadosch.** — **Giuseppe Mazzini** (biographie) — **Y a-t-il des Prêtres dans la Franc-Maçonnerie ?** cette brochure par Miss Diana Vaughan). — **L'Antipape Lemmi** (biographie) **Le Diable chez les Francs-Maçons.** — **Charles Floquet** (biographie). — **La Franc-Maçonnerie dans la Presse.** — **Giuseppe Garibaldi** (biographie).— **La Probité maçonnique.** — **Les Francs-Maçons Anarchistes.** — **La Morale des Francs-Maçons** (en latin). — **Jean Macé et la Ligue de l'enseignement,** etc.

BIBLIOTHÈQUE ANTIMAÇONNIQUE

N° 2

LE
LABARUM
ANTI-MAÇONNIQUE

Statuts de l'Ordre :

DÉCLARATION DE PRINCIPES

ET

GRANDES CONSTITUTIONS

CÉRÉMONIAL DES GRAND'GARDES

EXTRAITS DU RITUEL DES CHEVALIERS DU SACRÉ-CŒUR

PARIS
LIBRAIRIE ANTIMAÇONNIQUE
A. PIERRET, Editeur
37, Rue Etienne-Marcel, 37

LE LABARUM ANTI-MAÇONNIQUE

STATUTS DE L'ORDRE

I.

DÉCLARATION DE PRINCIPES

§ 1er. — La Ligue du Labarum, fondée à Paris le 19 novembre 1895, et s'inspirant des enseignements infaillibles du Pape, Vicaire de N.-S. Jésus-Christ et successeur de Saint Pierre, proclame que la Franc-Maçonnerie, Synagogue de Satan, est le grand Ennemi actuel de la Sainte Eglise Catholique, Apostolique et Romaine.

En conséquence, la Ligue, due à l'initiative de Catholiques résolus à défendre leur Sainte Mère l'Eglise, même au prix de leur sang, prend le titre de **Ligue du Labarum Anti-Maçonnique**, *Ordre Catholique Militant pour la défense de la Foi, des droits et des biens de l'Eglise contre la Franc-Maçonnerie*. La Ligue entreprend, contre l'infernale secte, une guerre à outrance, défensive et offensive, qu'elle ne cessera qu'au jour du triomphe définitif de la Religion, c'est-à-dire au jour de l'avènement du règne social de Jésus-Christ, reconnu Roi de France par les pouvoirs publics.

§ 2. — Les Fondateurs de la Ligue, bien pénétrés des vérités lumineuses répandues sur le monde par l'immortelle Encyclique *Humanum Genus*, ont considéré avec douleur l'immensité des maux et des ruines dont la Franc-Maçonnerie a été le principe pour l'humanité et pour l'Eglise Catholique en général, et pour la France en particulier. Ils ont entendu la grande voix du Souverain Pontife Léon XIII, glorieusement régnant, appelant les peuples à secouer le joug de l'exécrable secte, dont les chefs scélérats sont de vrais suppôts de l'enfer. Ils se sont dit : « Le Pape nous convie à la lutte, par les moyens surnaturels et naturels; nous ne serions pas dignes de notre nom de chrétiens, si nous fermions l'oreille à son appel si pressant et déjà plusieurs fois répété. L'heure a sonné des résolutions viriles. Le satanique Ennemi a juré de détruire jusqu'aux derniers vestiges de la Religion du Sauveur ; partout il s'avance, gagnant chaque jour du terrain et insultant tout ce que nous avons de sacré, dans la joie de sa victoire, due à la mollesse des Catholiques qui sont pourtant le nombre et se laissent opprimer. Eh bien, puisqu'il le faut, nous serons les victimes expiatoires ; nous serons les martyrs, dont le sang, versé avec bonheur, sera le remède à cet excès de mal ; nous serons les nouveaux croisés de la guerre à l'Ante-Christ maçonnique ; le cœur rempli de haine pour Satan et d'amour pour notre Roi Jésus, nous mourrons dans les délices du sacrifice, heureux si notre trépas arrête l'invasion infernale, la fait reculer et suscite des héros pour lui reprendre le terrain qu'une coupable indifférence lui a laissé conquérir. En guerre ! en guerre ! Puisque le Pape l'a dit, Dieu le veut ! »

§ 3. — Voulant atteindre leur but par les moyens les plus pratiques de la piété et du dévouement, les Fondateurs de la Ligue du Labarum ont approfondi et approuvé le programme d'études élaboré, les 1er et 2 août 1895, par le Comité National Français chargé spécialement de propager dans notre pays l'idée d'un prochain Congrès Anti-Maçonnique International, sous la présidence d'honneur de S. E. le Cardinal Parocchi, Vicaire de Sa Sainteté.

Ils ont médité ce programme d'études, et ils ont acquis la conviction inébranlable que, pour terrasser la satanique Franc-Maçonnerie, il est urgent de constituer contre elle une organisation permanente, avec toutes les forces vives qui voudront bien se consacrer à cette œuvre de salut.

Ils ont donc adopté ce programme, et ils en ont fait la base de leur action militante.

PREMIÈRE PARTIE.

« Pour bien saisir toute l'étendue du mal causé par la Franc-Maçonnerie, il faut répondre aux questions suivantes :

« I. Qu'est-ce que la Franc-Maçonnerie ? — II. Quelles sont les principales ruines déjà causées par elle ? — III. Par quels moyens a-t-elle pu causer tant de ravages ? — IV. Quels sont ses projets pour l'avenir ?

« I. *Qu'est-ce que la Franc-Maçonnerie ?*

« Il faut ici bien préciser son but et indiquer les diverses étapes qu'elle a parcourues pour l'atteindre. Il faut aussi dire quelques mots de son histoire, en négligeant les fables que l'on a su y mêler. (Cet enseignement doit être une partie de la mission de tout bon Catholique, anti-maçon militant ; car il est nécessaire d'instruire le peuple, abusé par la secte qu'il croit inoffensive, et de l'instruire publiquement. Le bon Catholique, anti-maçon militant, doit être un apôtre de la vérité.)

« Au fond, la Franc-Maçonnerie est l'église de Satan, organisée par l'ennemi de Dieu pour perdre les âmes, et avec l'espoir de détruire l'Eglise de Jésus-Christ.

« II. *Quelles sont les principales ruines dont nous lui sommes redevables ?*

« Elles portent sur tous les points : la vie religieuse et la vie civile ; la vie privée et la vie publique ; la vie sociale et la vie politique ; la vie nationale et la vie internationale ; l'enfance, l'âge mur, la vieillesse ; les idées, les sentiments et les mœurs, les institutions et les lois.

« Voici les principales :

« 1° La ruine de la vérité révélée, ou le naturalisme, en jetant sans cesse le discrédit et la négation sur tout ce qui nous vient directement de Dieu ;

« 2° La ruine de la vérité naturelle, ou le matérialisme, en accoutumant les hommes à n'envisager que les intérêts matériels, quand elle ne va pas jusqu'à nier l'existence de Dieu et celle de l'âme ;

« 3° La ruine de la morale, en facilitant la corruption dont elle se fait le premier des moyens d'action, et en poussant sans cesse les âmes vers la triple eoncupiscence ;

« 4° La ruine de la civilisation chrétienne, en dénigrant tous les progrès qui sont dus à l'Eglise, et en exaltant sans cesse ce qui a été fait par les païens ou par les ennemis du Christianisme ;

« 5° La ruine de la paix sociale, en prêchant la révolte contre l'inégalité des conditions, et par la destruction des corporations ouvrières ;

« 6° La ruine de l'union entre les peuples et de la stabilité des Etats, en fomentant sans cesse les divisions et les révolutions au gré de ses caprices ou de ses intérêts ;

« 7° La ruine de l'Eglise catholique, dans la mesure où elle a pu la consommer, surtout par l'usurpation des Etats de l'Eglise.

« On peut dire encore que la Franc-Maçonnerie est la mère du militarisme et le principe des charges que le militarisme impose aux nations de l'Europe.

« On peut dire qu'elle est la mère du socialisme ; car, en détruisant les vraies notions de l'autorité et de la propriété, elle a préparé les abus de l'une et de l'autre, et motivé la réaction violente qui menace d'emporter la société tout entière vers une nouvelle barbarie.

« On peut dire enfin qu'elle est la mère du prolétariat moderne et de la plus grande partie des maux dont souffre la classe ouvrière ; car toutes les laïcisations dont elle a été l'inspiratrice ont eu surtout pour résultat d'amoindrir dans les âmes le sentiment de la justice pour les faibles.

« III. *Par quels moyens la Franc-Maçonnerie a-t-elle réussi dans son entreprise ?*

« C'est d'abord par l'enseignement, c'est-à-dire par la diffusion de l'erreur. Elle a choisi quelques faits historiques, capables d'être dénaturés, et, ainsi dénaturés, d'inspirer au peuple le mépris et l'horreur de l'Eglise Catholique.

« Son organisation, sa discipline, son secret, et les crimes devant lesquels elle n'a pas reculé, sont d'autres causes de son succès.

« Il faut y ajouter la complaisance et la complicité des pouvoirs publics, puis l'ignorance, l'indifférence ou même la lâcheté des Catholiques.

« IV. *Quels sont ses projets pour l'avenir ?*

« Il est de toute évidence qu'elle aspire à compléter son œuvre néfaste. Il faut le montrer, avec des documents précis, et bien détacher où elle en est de l'exécution de son programme.

« Mais il faut que chaque pays analyse exactement le mal qu'elle a accompli chez lui, et qu'on puisse ensuite montrer, par un tableau d'ensemble, les grandes lignes de son œuvre dans le monde entier.

SECONDE PARTIE.

« D'autre part, il ne suffit pas d'instruire le peuple du mal accompli par la secte maçonnique, ainsi que de ses moyens passés et présents et de ses projets futurs ; il est nécessaire également d'étudier la question de la lutte à engager contre la Franc-Maçonnerie. De là, les divisions suivantes de cette importante question :

« I. Possibilité de la lutte. — II. Moyens à employer. — III. Organisations à faire.

« I. *Est-il possible de lutter efficacement contre la Franc-Maçonnerie et même de la vaincre ?*

« Evidemment, ils ont tort, ceux qui la proclament invincible.

Mais il ne faut pas se contenter des moyens naturels, car le démon est là ; il y met comme une incarnation de sa puissance, er cette puissance, il la tire de nos péchés : *qui facit peccatum, servus est peccati.*

« L'Eglise a pu vaincre le paganisme, toutes les erreurs et toutes les hérésies : *omnia possum in eo qui me confortat.* Si nous avions employé contre ce nouvel ennemi les moyens qu'employèrent, avec tant de succès, les premiers Chrétiens contre le paganisme antique, la Franc-Maçonnerie serait vaincue depuis longtemps.

« II. *Quels moyens faut-il employer ?*

« Des moyens naturels et des moyens surnaturels.

« Parmi les premiers, il faut placer la diffusion des secrets de la Maçonnerie et du mal qu'elle nous a fait. L'Encyclique *Humanum Genus* contient à cet égard les plus précieuses indications.

« Cette diffusion doit être faite par la plume et par la parole, par le journal et par la gravure, par les conférences privées ou publiques, pour démasquer l'ennemi sur tous les points.

« Mais les moyens surnaturels sont beaucoup plus nécessaires encore ; sans eux, toute l'action humaine, que nous pourrions déployer contre la Franc-Maçonnerie, pourrait tourner contre nous.

« Parmi les moyens surnaturels, il faut placer d'abord les maximes évangéliques, qui contiennent l'esprit de Notre-Seigneur Jésus-Christ. et, par suite, l'étude approfondie et la méditation fréquente de l'Evangile. Les maximes du monde et l'esprit naturaliste, dont la Franc-Maçonnerie s'est fait l'apôtre et dont elle tire sa principale influence, ne peuvent disparaître que devant l'esprit surnaturel, fortement nourri des maximes de l'Evangile.

« Il faut y ajouter la prière, la pénitence, l'expiation sous toutes ses formes, surtout la Sainte Eucharistie, dans ses trois parties, savoir : la messe, la communion, l'adoration réparatrice.

« III. *Quelle organisation faut-il faire pour rendre efficace la lutte contre la Franc-Maçonnerie ?*

« L'organisation à créer doit être à la fois nationale et internationale ; il faut y mettre l'action privée et l'action publique.

« Il serait à souhaiter qu'il fût possible d'avoir un comité permanent international, dont le principal rôle serait de préparer de Congrès internationaux, puis d'assurer l'exécution de leurs vœux, et enfin de centraliser les documents des divers pays, pour en faire bénéficier les divers comités nationaux.

« Quel concours le Tiers-Ordre de Saint-François peut-il donner à cet égard ? Ne devrait-il pas pour cela recevoir quelques modifications ?

« Comment suppléer à la protection que les hommes d'un pays, spécialement les marins et les commerçants, reçoivent dans d'autres pays, précisément parce qu'ils sont francs-maçons ?

« L'organisation nationale peut varier avec les pays ; elle peut s'attacher à l'organisation civile ou à l'organisation ecclésiastique. Mais il en faut une partout, et partout son but doit être de faire employer, avec autant d'intrépidité que de persévérance, les moyens naturels et les moyens surnaturels. »

En étudiant ce programme, les Fondateurs de la Ligue se sont dit qu'il ne leur appartenait pas de proposer des modifications au Tiers-Ordre de Saint-François, et ils ont pensé qu'une organisation absolument nouvelle, répondant aux desiderata de ce programme, pouvait être créée sans délai, le péril maçonnique s'aggravant chaque jour davantage.

Sans perdre de vue les intérêts généraux de l'Eglise et du Saint-Siège, ils ont songé à la France, leur patrie terrestre bien-aimée, où l'infernale secte, installée officiellement au pouvoir, en la personne du Chef de l'Etat, de la majorité des deux Chambres, des principaux Ministres, des Conseils élus de la Capitale et des grandes villes, et d'une multitude de hauts fonctionnaires, ne cache plus ses noirs desseins et annonce, sans aucun voile, par les organes d'une presse radicale, dont les rédacteurs sont membres des Loges et Arrière-Loges, qu'elle aura anéanti avant trois ans, tout d'abord, les Congrégations Religieuses, honneur et gloire de la Nation.

Ils ont jugé qu'il fallait réaliser immédiatement le programme du salut national ; donner l'exemple aux autres peuples ; respecter toutes les initiatives chrétiennes, qui se disposent ou se disposeront à engager la lutte contre la Franc-Maçonnerie, d'une manière et avec des armes différentes des leurs ; se faire même les auxiliaires dévoués de tous Comités anti-maçonniques qui se fondent ou se fonderont.

Ils ont estimé, enfin, qu'ils avaient une mission à remplir en dehors, mais à côté, de l'œuvre éminemment nécessaire du Congrès Anti-Maçonnique International ; car la création d'une Ligue Anti-Maçonnique militante ne peut que contribuer au succès de ce Congrès, en formant une phalange d'élite de Catholiques anti-maçons résolus et bien disciplinés, qui, sans prétendre à aucune ingérence dans la direction de l'œuvre parallèle, en seront les propagateurs actifs, les soutiens assurés et permanents, non seulement pour le premier Congrès, mais encore pour tous les Congrès futurs.

Chaque pays pouvant avoir une Ligue du Labarum, si le mode de fonctionnement du Labarum de France est apprécié comme étant d'une heureuse inspiration et rendant des services réels à la bonne cause, l'œuvre des Fondateurs français pourra devenir universelle, être une véritable Contre-Maçonnerie ; et, d'autre part, aucune fédération nationale ainsi constituée n'ayant prééminence sur les autres, mais toutes au contraire vivant en parfait accord, sur le pied de l'égalité chrétienne et sous le contrôle des Pasteurs de chaque diocèse, il s'ensuivra que le Labarum Anti-Maçonnique sera à la fois national et international : national, par l'indépendance réciproque des fédérations des divers pays ; international, par sa communauté de système, par sa conformité de mode de fonctionnement, par son unité d'enseignement, de pratique et de procédé de propagande. Tous Frères, sans distinction de nationalité ; tous Frères dans le Labarum du Vatican, dans l'obéissance au Pape, généralissime de toutes les fédérations de ligueurs !

§ 4. — En conséquence de ce programme, l'action de la Ligue sera double : elle agira extérieurement et intérieurement.

Œuvres d'action extérieure :

La Ligue du Labarum n'est pas une société secrète ; elle n'a à cacher aucun de ses enseignements ni aucun de ses actes. Elle exercera son action extérieure en multipliant les réunions de propagande anti-maçonnique, où les catholiques non-ligueurs seront admis à titre d'invités. Dans ces réunions, ainsi publiques, l'enseignement sera donné aux adhérents pour leur initiation personnelle, mais de telle sorte qu'il profite à l'assistance tout entière ; les manœuvres et les ruses, les infamies et les crimes de la Franc-Maçonnerie seront, en outre, dévoilés par des conférences, qu'organiseront les groupes de la Ligue, avec le concours d'orateurs ligueurs ou non-ligueurs indistinctement. La Ligue du Labarum mettra, d'une façon constante, en pratique le précepte du grand Pape Léon XIII, précepte qu'elle considère comme un ordre formel : « Arrachez à la Franc-Maçonnerie le masque dont elle se couvre, et faites-la voir telle qu'elle est. »

Au surplus, la Ligue maintiendra toujours à ses assemblées un caractère religieux, ses Fondateurs ayant la conviction profonde qu'aucune victoire n'est possible sans le secours d'En-Haut. Par l'exemple de ses réunions, par son mépris absolu du scepticisme et du respect humain, elle propagera l'habitude de la prière dans les sociétés ayant en vue le relèvement de la Patrie, habitude que l'indifférence d'un siècle d'impiété a fait perdre et qu'il importe de faire reprendre partout. La Ligue du Labarum s'est donné la mission de réveiller la France Chrétienne ; avec l'aide de Dieu, elle la réveillera !

Œuvres d'action intérieure :

Tout en n'étant pas une société secrète, la Ligue du Labarum est une association circonspecte et discrète ; elle unit la prudence à la résolution, comme les Chrétiens des premiers âges, qu'elle prend pour modèles. Faisant appel aux bonnes volontés de tous les Catholiques dévoués, désirant fournir à tous le moyen de coopérer à son œuvre, même à ceux qui par leur situation sociale sont sous la dépendance d'un adversaire oppresseur des consciences, la Ligue établit comme règle que chacun de ses membres aura un nom de ligueur, sous lequel seul il sera appelé dans les réunions et désigné sur les registres et procès-verbaux ; au dehors, chacun sera libre de se divulguer soi-même comme membre de la Ligue, mais nul ne pourra divulguer l'affiliation d'un autre ligueur, à moins de son consentement exprès. Pareille discrétion à l'égard des personnes sera demandée aux Catholiques non-ligueurs qui assisteront aux séances des groupes en qualité d'invités ; par contre, on leur fera bien savoir qu'elles peuvent raconter tout ce qu'elles auront vu et répéter tout ce qu'elles auront entendu dans les assemblées de la Ligue.

La Ligue du Labarum ne veut pas se borner à répandre, par la publicité donnée aux assemblées plénières de ses groupes, l'enseignement anti-maçonnique qui fera la lumière sur les manœuvres et les scélératesses de la secte qu'elle combat ; elle ne limite pas son plan de campagne aux actes de cette divulgation vengeresse, destinée à éclairer le peuple, s'il plaît à Dieu. Elle veut aller plus loin et plus haut. dans son apostolat.

Cette lumière qu'elle ambitionne de répandre au dehors, la Ligue entend en pénétrer ses adeptes tant et si bien que chacun, peu à peu, devienne à son tour un foyer ardent ; elle veut que chaque ligueur, Frère ou Sœur labariste, s'en imprègne au point d'être en mesure de répondre, dans les conversations courantes, à toutes les objections des adversaires de mauvaise foi et des indifférents aveugles qui s'obstinent à ne pas comprendre la gravité du péril maçonnique. Par ses initiations graduées et par la multiplicité des conférences instructives et probantes auxquelles ses adeptes seront tenus d'être assidus, elle veut faire passer dans l'âme de tous le sentiment raisonné, bien compris, indéracinable, qui anime ses Fondateurs, savoir : dans la guerre faite à l'Eglise par la Franc-Maçonnerie, il y a autre chose qu'un tournoi engagé par des hommes contre d'autres hommes, il y a autre chose qu'une lutte terrestre, c'est-à-dire il y a l'action même du diable, la continuation de la révolte de Satan, dans la rage de sa défaite ; rage éternelle comme sa chute et son supplice, rage de maudit qui se traduit en une haine effroyable de l'humanité, rage de destruction et de blasphème, rage centuplée par la connaissance qu'il a de son impuissance à atteindre Dieu et de la vérité de la parole divine : *Non prævalebunt ;* rage, enfin, qu'il cherche sans cesse à assouvir en perdant les âmes.

La Ligue du Labarum, non contente de défendre la Sainte Eglise, veut donc encore disputer à Satan les âmes des francs-maçons, de même que les missionnaires vont dans les pays lointains lui arracher les âmes des païens et des sauvages. Par les vertueuses chrétiennes qui apporteront à cette œuvre de salut leur zèle et leur charité, la Ligue se fera discrètement l'auxiliaire des mères, des épouses, des sœurs, qui gémissent de voir un des leurs glisser sur la pente de l'abîme, mais qui manquent d'une aide instruite et ayant une action possible, pour tenter de sauver l'infortuné, dupe des mensongères promesses de la secte.

Plus loin encore et plus haut ira la Ligue du Labarum. Des crimes se commettent dans certaines Arrière-Loges, dans les Ateliers occultes de la Haute-Maçonnerie; la Divine

Eucharistie est profanée, le Pain des Anges est foulé aux pieds, les suppôts de l'Enfer tentent de renouveler sur l'Agneau immaculé le meurtre cruel du Golgotha. Eh bien, la Ligue aura des martyrs volontaires, qui s'offriront à Dieu pour expier ces crimes, ces sacrilèges profanations.

Le Labarum Anti-Maçonnique aura des Frères et des Sœurs qui diront chaque matin dans leur prière : « Seigneur, prenez ma vie, et que les francs-maçons se convertissent ! »

Cette abnégation poussée aux dernières limites ne sera demandée à personne, lors de l'entrée dans la Ligue, ni en aucun passage à un degré supérieur d'initiation. Offriront seuls ce sacrifice ceux et celles qui s'y sentiront poussés par cette force intérieure dont la puissance est irrésistible au plus beau jour de la vie, par cette force triomphante que connaissent bien, pour en avoir éprouvé le choc délicieux, ceux et celles qui ont eu le bonheur de faire une bonne première communion. A ces fidèles du Labarum qui pourront ainsi s'offrir en holocauste, leurs Frères et leurs Sœurs diront avec reconnaissance, comme les soldats disent à ceux d'entre eux qui sont désignés pour aller en sentinelles perdues ou à quelqu'une de ces missions aux avant-postes, d'où l'on ne revient pas : « Soyez salués par tout notre respect, par toute notre affection ; car, c'est grâce à votre sacrifice que sera remportée la victoire. »

§ 5. — En dehors de ce qui vient d'être exposé, il va de soi que la Ligue se manifestera, toujours avec discrétion et prudence, mais toujours aussi avec la générosité des âmes loyales, comme une association essentiellement fraternelle, dont l'utilité pour tous sera d'autant plus efficace qu'elle prendra de plus en plus de l'extension. En cela, nous répondrons aux vœux d'un grand nombre de catholiques, qui

demandent depuis longtemps la création d'une œuvre basée
sur un système international, quoique agissant par fédérations
nationales, et opposant, dans le monde entier, à la solidarité
du mal la solidarité du bien.

Est-il besoin de dire aussi que l'incognito, garanti dans les
cas indiqués plus haut, ne saurait être un sujet de défiance à
l'égard de notre œuvre elle-même? car rien n'est plus facile
que de rassurer sur ce point les Catholiques qui, ne tenant
pas compte des difficultés des temps présents, oublieraient
qu'aux époques de persécution les catacombes sont parfois
nécessaires et nous marchanderaient pour cela leur approbation. En effet, la Ligue du Labarum prend pour règle immuable de n'avoir rien de secret pour les Autorités diocésaines ;
les livres et registres de chaque groupe seront toujours à la
disposition de l'Ordinaire. Si, d'une part, les assemblées
plénières des groupes seront ouvertes aux Catholiques non
ligueurs, à titre d'invités, d'autre part, les séances de comité
elles-mêmes seront ouvertes à tout délégué ecclésiastique que
l'Autorité diocésaine voudra bien envoyer.

La Ligue du Labarum, qu'on le sache bien, est catholique
fidèle et soumise. Elle combat pour Dieu ; par conséquent,
elle obéit au Pape. Si en France elle ne sollicite pas l'approbation officielle des Evêques, c'est parce qu'en France la persécution sectaire sévit même contre l'Episcopat ; c'est parce
que, dans ce pays, l'hypocrisie maçonnique qui gouverne
ose prétendre que nos Evêques sont des fonctionnaires de
l'Etat athée ! Or, nous qui voulons, dans cette lutte, aller
jusqu'au bout, jusqu'à nous faire tuer, s'il le faut, non en
insurgés, mais en victimes n'ayant d'autre défense que notre
Croix du Labarum Anti-Maçonnique, nous aimons trop nos
Evêques pour donner contre eux un prétexte d'aggraver la
persécution. Mais si les Fondateurs de la Ligue se sont

trompés dans leur zèle catholique, si le Pape venait à ordonner demain à la Ligue de se dissoudre, la Ligue du Labarum Anti-Maçonnique se dissoudrait immédiatement.

Oui, obéissance au Pape ! obéissance même dans la douleur de poser les armes, s'il le fallait ! Les héroïques zouaves pontificaux de 1870 n'ont-ils pas obéi, sans murmurer, quand, le 20 septembre, après la brèche ouverte par l'infâme Cadorna, le doux Pie IX, voulant arrêter l'effusion du sang de tant de braves qui ne demandaient qu'à mourir, ordonna de ne plus résister à la horde piémontaise envahissant la Ville-Sainte ?... S'il le fallait, nous, zouaves du Labarum, qui défendrons le pouvoir spirituel, comme les soldats de Charette ont défendu le pouvoir temporel, nous obéirions de même au Pape, brisant nos armes ; nous obéirions, sans un murmure... Car le Pape est infaillible ; il ne peut ni se tromper ni nous tromper. Quand il épargne le sang de ses enfants, il faut encore le remercier et le bénir. Quand le Pape fait arborer le drapeau parlementaire, il ne capitule pas; non, le Vicaire du Christ ignore ce qu'est une capitulation ! La vérité est qu'il proteste et se résigne à être prisonnier ; mais la victoire n'est que retardée, la délivrance se fera tôt ou tard, le Pape captif attend avec confiance l'heure de Dieu. *Non prævalebunt !...*

§ 6. — En résumé, la Ligue du Labarum, se plaçant sous le patronage de Saint Michel Archange et de la Vénérable Jeanne d'Arc, veut refouler la Franc-Maçonnerie dans l'Enfer d'où elle provient; mais, ne haïssant pas les hommes, elle veut aussi la conversion des francs-maçons. Son plan de campagne est bien défini, et si net que personne ne peut s'y méprendre :

1. Sonner le ralliement contre l'Ennemi et s'aguerrir, par la propagande publique sous toutes ses formes ;

II. Harceler et amoindrir l'Ennemi, en lui reprenant les malheureux, trop crédules, qu'il a embrigadés par des mensonges ;

III. Débusquer l'Ennemi, en éventant ses manœuvres, en arrachant les masques des francs-maçons, en se faisant l'auxiliaire dévoué de tous les comités catholiques qui combattent la secte sur d'autres terrains que le nôtre ;

IV. Se soutenir contre l'Ennemi, par l'union matérielle et morale, fraternelle et dégagée de toutes considérations politiques de parti ; se rendre forts par la foi et la discipline, par la déférence respectueuse aux sages avis de Nos Seigneurs les Evêques, et par l'obéissance absolue à Notre Général en Chef, le Pape ;

V. Vaincre enfin l'Ennemi, en sachant mourir, en ayant au cœur l'ambition de verser notre sang pour le triomphe de l'Eglise et le salut de la Patrie.

II.

GRANDES CONSTITUTIONS

CHAPITRE PREMIER.

PACTE FONDAMENTAL ET PATRONAGE.

ARTICLE PREMIER. — La Ligue du Labarum Anti-Maçonnique a pour acte constitutif, dit Pacte Fondamental, l'acte de consécration, qui a été prononcé par ses Fondateurs, le mardi matin 19 novembre 1895, au Mont-des-Martyrs (Paris), en la Basilique du Sacré-Cœur, après la Sainte Messe dite par l'un d'eux à l'autel de la Très Sainte Vierge, en présence du Très Saint-Sacrement exposé.

Cet acte est ainsi conçu :

« O Notre-Seigneur Jésus-Christ, nous consacrons en ce jour à votre Divin Cœur toutes les forces que nous jurons d'employer au triomphe de votre Sainte Eglise.

« Donnez-nous l'humilité et le courage, la charité et la persévérance.

« Nous voulons, pour votre gloire, combattre sans trêve les sectes que Satan inspire, sectes qui aujourd'hui ont leur plus haute expression dans la Franc-Maçonnerie. Mais écartez de nous toute pensée d'orgueil dans cette sainte bataille ; remplissez nos âmes d'amour pour les âmes de nos adversaires, afin que nous ne perdions jamais de vue que leur salut, aussi bien que le nôtre, est votre joie ; nous n'aurons de haine que pour Satan, auteur du mal. O Notre-Seigneur Jésus-Christ, chacun de nous ici vous offre sa vie pour la conversion des francs-maçons.

« Que les flammes de votre Cœur Sacré entretiennent en nous la noble ardeur du devoir chrétien, qui nous a été tracé par votre Vicaire dans son Encyclique *Humanum Genus* ; et qu'aucune déception ne lasse notre zèle !

« Seigneur Jésus, nous sommes vos vassaux et vos soldats. Armez-nous pour la lutte, et soutenez-nous au plus fort du combat. Si nous sommes blessés, meurtris, nous demandons à votre Très Sainte Mère de panser nos plaies ; refuge des pécheurs et consolatrice des affligés, qu'elle soit encore la dispensatrice de votre grâce et du baume bienfaisant qui guérira nos blessures ! Que le glorieux Archange Saint Michel et la Vénérable Jeanne d'Arc marchent à notre tête et nous guident dans nos sorties contre l'ennemi !

« Bénissez cette Ligue ; rendez invincible ce nouveau Labarum, que, pleins de foi, nous arborons pour repousser plus vaillamment les assauts de l'Enfer ; et, quoi qu'il advienne pour nous en cette guerre, faites-nous assister par l'aimable Saint Joseph, à l'heure de notre mort.

« O Notre-Seigneur Jésus-Christ, nous vous renouvelons solennellement tous les engagements de notre baptême. Pour vous, pour votre Sainte Eglise, pour votre auguste Vicaire, pour les droits du

Saint-Siège et de la Religion, nous combattrons jusqu'à notre dernier soupir. »

Après avoir été prononcé, cet acte a été signé par les sept Fondateurs habitant Paris et envoyé aussitôt au huitième Fondateur habitant hors Paris ; retourné avec la signature de celui-ci, le Pacte Fondamental a été mis et restera aux archives centrales de l'Ordre (1).

ART. 2. — En se consacrant au Sacré-Cœur, la Ligue se place, en outre, sous le patronage spécial de Saint Michel Archange et de la Vénérable Jeanne d'Arc.

ART. 3. — Le Pape est le général en chef de la Ligue. Tout adhérent, qui sera admis dans l'Ordre du Labarum Anti-Maçonnique, renouvellera, au jour de sa réception comme Membre Actif, le serment de fidélité et d'obéissance absolue qu'il doit, comme bon catholique, au Chef suprême de la Sainte Eglise.

CHAPITRE II.

L'INITIATION ET SES DEGRÉS.

TITRE Ier.

Les grades de la Ligue.

ART. 4. — La Ligue du Labarum est essentiellement une association d'enseignement anti-maçonnique et de combat. Son mode d'enseignement est l'initiation donnée à ses membres, dans des réunions auxquelles sont admis, à titre d'invités, des bons catholiques non-ligueurs, en aussi grand

(1) Les huit Fondateurs du Labarum Anti-Maçonnique ont pris pour noms de ligueurs : Paul de Régis, Kostka de Borgia, Louis de Loyola, Réginald d'Aquin, Henri Vianney, Louis d'Alcantara, Michel Ferrier et Maurice de Gonzague.

nombre que possible ; en dehors de ces initiations, dont le fond et la forme n'auront rien de secret, les groupes de la Ligue organiseront, dans les mêmes conditions de publicité, des conférences anti-maçonniques régulières .et fréquentes. Les armes de combat, adoptées par la Ligue, sont la prière, la charité chrétienne et le sacrifice.

ART. 5. — La Ligue se compose de Frères, dont l'initiation s'effectue en trois degrés, et de Sœurs, dont l'initiation ne comporte qu'un seul degré, mais qui peuvent, si elles le veulent et si elles sont en droit de le faire, s'associer à la pensée d'immolation à laquelle aboutit, sans obligation pour personne néanmoins, le 3° degré de l'initiation des Frères du Labarum.

ART. 6. — Nul ne peut être déclaré admissible, s'il ne fournit des références démontrant d'une manière évidente qu'il est bon catholique.

ART. 7. — L'âge d'admission pour les Frères est vingt-un ans accomplis, exception faite en faveur des jeunes gens légalement émancipés, ou qui, âgés de seize ans au moins, justifieraient du consentement formel de leurs parents. Pour les dames et demoiselles, l'admission ne peut avoir lieu si elles n'ont pas atteint leur majorité, exception faite pour les demoiselles qui, âgées de quinze ans au moins, auraient leur père ou leur mère déjà membre de la Ligue et les présentant ; les dames mariées ne peuvent se faire inscrire à un groupe de la Ligue que si leur mari est également ligueur et appartenant au même groupe.

ART. 8. — La Ligue admet aussi, mais sans initiation, les jeunes garçons et les jeunes filles à partir de leur première communion et d'un âge inférieur à ceux stipulés ci-dessus, à la condition qu'ils soient présentés par leurs parents déjà Frères et Sœurs du Labarum.

Art. 9. — Les trois degrés d'initiation pour les Frères forment les grades suivants : *Légionnaire de Constantin* (1ᵉʳ degré); *Soldat de Saint Michel* (2ᵉ degré) ; *Chevalier du Sacré-Cœur* (3ᵉ et dernier degré). Le grade unique des Sœurs a pour titre : *Sœur de Jeanne d'Arc*. Les adolescents reçus en vertu de l'art. 8 sont qualifiés *Compagnons* (ou *Compagnes*) *de Saint-Jean*.

Art. 10. — Le 1ᵉʳ degré, *Légionnaire de Constantin*, est un grade de préparation ; il forme un stage dont la durée générale est d'un an, sauf en cas de dispense dont les causes seront indiquées par les Règlements Généraux. L'initiation à ce grade a pour but de faire comprendre au récipiendaire toute l'importance de la défense énergique à opposer à la Franc-Maçonnerie dans l'ordre naturel.

Art. 11. — Le 2ᵉ degré, *Soldat de Saint Michel,* est un grade d'initiation complète ; le ligueur qui l'a reçu peut s'y tenir, sans chercher à s'élever au 3ᵉ degré. L'initiation à ce grade a pour but de parfaire l'instruction anti-maçonnique du récipiendaire et de lui faire comprendre que, dans la lutte de la Franc-Maçonnerie contre la Sainte Eglise il y a l'action même du démon ; l'enseignement du 2ᵉ degré porte donc sur les faits et les œuvres maçonniques qui sont dans l'ordre surnaturel.

Art. 12. — Le 3ᵉ degré, *Chevalier du Sacré-Cœur*, est le grade supérieur ; il constitue l'initiation réservée aux ligueurs du 2ᵉ degré, qui, s'inspirant bien de tout l'enseignement précédemment reçu, considèrent qu'à raison du grave caractère de la lutte à laquelle ils prennent part par leur affiliation, ils doivent se maintenir constamment dans la pensée que la résignation à la mort est nécessaire à tout bon catholique, anti-maçon militant. Le ligueur promu au 3ᵉ degré se propose Garcia Moreno pour modèle, et l'initiation à ce grade, opposant le noble héros chrétien au Jacques Molay des Chevaliers Kadosch, montre toute la sublimité du dévouement par lequel l'illustre martyr, assassiné par l'infernale secte, a établi, au prix de son sang, un gouvernement honnête et libéral, basé sur la consécration de l'État au Divin Cœur de Jésus.

Art. 13. — Les ligueurs du 3e degré, qui, spontanément, déclarent que non seulement ils sont résignés à la mort, mais encore qu'ils la désirent en expiation des crimes de la Franc-Maçonnerie et qu'ils offrent à Dieu le sacrifice de leur vie pour la conversion des francs-maçons, sont qualifiés Parfaits Chevaliers du Sacré-Cœur.

Les Sœurs de Jeanne d'Arc, qui, ayant assisté à une initiation au 3e degré des Frères veulent aussi s'offrir en victimes, si elles sont en droit de le faire, reçoivent, sans insigne spécial, le titre de Chevalières du Sacré-Cœur. Quant à l'initiation ordinaire des Sœurs, elle repose sur la méditation des vertus chrétiennes et guerrières dont la Vierge de Domremy a donné l'exemple, cette méditation étant appliquée aux nécessités des temps présents.

Art. 14. — Le recrutement des Frères et Sœurs du Labarum s'opère, soit par présentation, soit par adhésion directe.

La présentation a lieu par un Chevalier du Sacré-Cœur ou par deux Soldats de Saint Michel, qui apostillent l'énoncé des références du candidat à l'admission. Les Légionnaires de Constantin ne sont pas admis à se porter caution d'un adhérent ; s'ils ont à présenter un de leurs amis, ils doivent faire appuyer leur demande par deux Soldats de Saint Michel ou par un Chevalier du Sacré-Cœur. Deux Sœurs de Jeanne d'Arc sont aptes à présenter une adhérente ; mais la demande doit être apostillée par un Frère ligueur pourvu au moins du 2e degré.

L'adhésion directe doit être adressée au Conseil Central de l'Ordre, lequel fait examiner la validité des références fournies par le candidat ou la candidate.

Art. 15. — Tout candidat ou candidate à l'admission, ayant pris connaissance des Statuts de l'Ordre, demande à contracter son engagement dans la Ligue, en signant une Feuille d'Adhésion dont le modèle définitif a été établi par le Conseil Central. Ces feuilles sont remises ou envoyées à quiconque les demande (1).

Art. 16. — Tout ecclésiastique qui adhère à la Ligue du Labarum Anti-Maçonnique, est reçu Chevalier du Sacré-Cœur sans avoir à passer par les deux premiers degrés. Les autres admissions de droit soit au 2ᵉ degré, soit au 3ᵉ degré, seront fixées par les Règlements Généraux; toutefois, elles seront limitées à la période d'organisation de la Ligue, qui va de la fondation jusqu'au 29 septembre 1896.

Art. 17. — La rédaction du Cahier des Grades et du Cérémonial des Séances est confiée à deux Commissaires spéciaux, premiers Fondateurs de la Ligue. Tous les rituels du Labarum Anti-Maçonnique seront imprimés et publiés, de telle sorte que les personnes n'appartenant pas à la Ligue puissent elles-mêmes en prendre connaissance.

---

(1) On peut demander une Feuille d'Adhésion, en s'adressant aux bureaux de l'organe officiel de la Ligue : l'*Anti-Maçon*, 37, rue Etienne-Marcel, à Paris. On peut recevoir deux Feuilles sous une enveloppe fermée, si l'on a eu soin d'envoyer un timbre-poste de 15 c. pour l'affranchissement de la lettre. Le prix du port de vingt-cinq Feuilles d'Adhésion, expédiées comme papiers d'affaires, en paquet recommandé, est *quarante centimes*.

Il est de règle dans la Ligue, que tout envoi personnel de Feuille d'Adhésion ou de lettre de convocation à une séance doit être fait sous enveloppe fermée.

TITRE II.

Le Nom de Ligueur.

Art. 18. — En entrant dans l'association, chacun adopte un nom particulier, sous lequel, une fois reçu, il est exclusivement appelé et désigné, soit dans les séances, soit sur les registres et procès-verbaux, soit en n'importe quelle circonstance ou œuvre de la Ligue. Les Membres Honoraires n'ont pas l'obligation de cette formalité.

Art. 19. — Le Nom de Ligueur se compose de deux parties : le prénom, et le nom proprement dit. L'adhérent choisit de plein droit la première partie, c'est-à-dire le prénom. Quant à la deuxième partie, il indique, sur sa Feuille d'Adhésion, trois noms qu'il inscrit dans l'ordre de sa préférence (nom de sanctuaire; ou bien nom de famille d'un Saint ou Sainte, Bienheureux ou Bienheureuse, ou Vénérable ; ou bien nom de la Ville de naissance ou de décès d'un Saint, etc. ; ou d'une des villes ayant eu une place plus ou moins marquante dans la vie du Saint, etc., sous le patronage de qui on désire se placer ; ou encore nom d'un personnage historique religieux militant); la plus grande latitude est laissée à cet égard, pourvu que l'indication du nom complémentaire désiré témoigne d'un sentiment profondément catholique.

Un Nom de Ligueur ne peut être pris par deux adhérents, même avec variation du prénom. Dans le cas où les trois noms indiqués comme préférés auraient été déjà pris, le Conseil Central attribuera d'office un nom à l'adhérent.

Art. 20. — Une discrétion absolue est exigée dans la Ligue sur le Nom de Ligueur des affiliés qui ne sont pas dans une situation indépendante ; cette discrétion, dans les temps présents, est une loi d'honneur.

TITRE III.

Les Insignes de la Ligue.

ART. 21. — La Ligue a pour insignes, portés par tous ses membres sans distinction de grades : 1° la Croix de l'Ordre du Labarum, ayant au centre le Sacré-Cœur rayonnant ; 2° la Médaille de la Ligue, représentant sur une face l'Archange Saint Michel précipitant Satan dans l'abime, et sur l'autre face le portrait de la Vénérable Jeanne d'Arc.

La Croix se porte sur la poitrine. Elle est suspendue : pour les Ligueurs ecclésiastiques, à un cordon de soie rouge ; pour les Frères laïques, à un collet d'un modèle adopté par le Conseil Central et dont la couleur varie selon les grades (vert-émeraude au 1er degré, bleu-d'azur au 2e degré, rouge-ponceau au 3e degré) ; pour les Sœurs, à un ruban blanc assez large passé au cou. Les Compagnons et Compagnes de Saint-Jean ont le collet-insigne (de couleur rose), mais n'y suspendent pas la Croix de l'Ordre.

La Médaille se porte sur le cœur, attachée à un nœud de ruban rouge. Les Compagnons et Compagnes de Saint-Jean l'ont.

ART. 22. — Le port des insignes n'est pas obligatoire dans les séances dites de *grand'garde*, excepté pour les membres des Comités de groupes.

Le port des insignes est expressément interdit en dehors des réunions de la Ligue. Toutefois, la Médaille pourra être portée, dans le cas où un groupe assistera *en corps* à une Messe, ou aux obsèques de l'un de ses membres, ou à une assemblée de propagande tenue par une autre société catholique et à laquelle le groupe aura été officiellement invité.

ART. 23. — Pour les Chevaliers du Sacré-Cœur, dits Parfaits Chevaliers, et pour celles d'entre les Sœurs de Jeanne d'Arc qui ont titre de Chevalières du Sacré-Cœur, il sera dérogé, tout à fait exceptionnellement, à ce qui vient d'être stipulé au second paragraphe du précédent article, dans la seule circonstance suivante : — Au cas où la Franc-Maçonnerie, poursuivant son œuvre infernale de destruction des institutions de l'Eglise, entrerait dans la voie de la persécution violente et assiégerait ou ferait assiéger une église ou un couvent pour en opérer l'expropriation, contrairement à la Constitution Française qui garantit à tous les citoyens, avec la liberté religieuse, l'égalité devant la loi et le droit de propriété, les Chevaliers et Chevalières du Sacré-Cœur qui considéreront alors comme un devoir suprême de verser leur sang pour la défense de la Religion opprimée, se rendront en groupe (après avoir reçu la Sainte Communion) autour du sanctuaire ou du monastère menacé de l'assaut immédiat ordonné par la secte ; là, quand l'heure du sacrifice sera venue, ils revêtiront leurs insignes, n'opposeront aux persécuteurs d'autre résistance que celle de leur groupement dans une dernière prière, et, plutôt que de céder la place, se laisseront immoler, en implorant Dieu de convertir leurs meurtriers.

CHAPITRE III.

FONCTIONNEMENT DE LA LIGUE.

TITRE I".

La Grande-Maîtrise.

ART. 24. — Le Grand-Maître de l'Ordre du Labarum Anti-Maçonnique, pour la France et ses Colonies, est élu à vie. Son élection a lieu par les membres du Conseil Central, à la majorité des deux tiers au minimum : les voix peuvent se porter sur un Ligueur n'appartenant pas au dit Conseil

Central, si la candidature de ce Frère est proposée par cinq des électeurs ; mais, dans ce cas, le candidat proposé doit avoir le grade de Chevalier du Sacré-Cœur, au titre de Parfait Chevalier. Nul Ligueur laïque, même membre du Conseil Central, ne peut être élu Grand-Maître, s'il n'est Parfait Chevalier du Sacré-Cœur.

Art. 25. — L'élection du premier Grand-Maître de l'Ordre aura lieu le 25 mars 1896. L'élu ne sera pourtant que Grand-Maître provisoire, tant que les Règlements Généraux, qui seront rédigés à la suite des présents Statuts, n'auront pas reçu, avec lesdits Statuts, l'approbation du Saint-Siège ; cette approbation sera demandée officiellement par le Conseil Central au lendemain même de la tenue du premier Congrès Anti-Maçonnique International. En même temps, la ratification de l'élection du Grand-Maître sera demandée au Souverain Pontife.

Dans le cas où le Pape ferait connaître sa volonté de nommer lui-même le Grand-Maître, l'article précédent sera annulé et le Grand-Maître de l'Ordre sera toujours nommé par le Saint-Siège. Dans le cas où le Pape refuserait son approbation aux Statuts et Règlements Généraux du Labarum Anti-Maçonnique, la Ligue se dissoudra immédiatement.

Art. 26. — Le Conseil Central peut élire un Grand-Maître d'Honneur, choisi parmi les membres de l'Episcopat Français.

Art. 27. — Deux Grands-Maîtres honoraires ad vitam, élus par le Conseil Central, sont, avec le Grand-Maître effectif, les grands conservateurs des Statuts de l'Ordre. Le Grand-Maître désigne l'un d'entre eux pour le suppléer en cas de maladie ; et tous deux exercent conjointement les fonctions de la Grande-Maîtrise, pendant la vacance occasionnée par le décès ou la démission du Grand-Maître. Pour cette raison, ces deux hauts dignitaires sont appelés Grands-

Maîtres honoraires ad vitam, suppléants intérimaires. Ils peuvent exercer telle ou telle fonction dans le Conseil Central, mais sans avoir la préséance sur leurs collègues par le fait de leur autre titre; ils n'ont la préséance que pendant la vacance de la Grande-Maîtrise.

Les premiers Grands-Maîtres honoraires ad vitam sont les deux premiers Fondateurs de la Ligue, élus à ce titre le 26 novembre 1895.

TITRE II.

Le Conseil Central de l'Ordre.

Art. 28. — Le Grand-Maître effectif est le président général de la Ligue. Il est assisté de quatorze Chevaliers du Sacré-Cœur, qui forment avec lui le Conseil Central de l'Ordre.

Art. 29. — Le Conseil Central tient à Paris ses séances, appelées « hautes-gardes ».

Art. 30. — Parmi les quatorze Conseillers Grands Assistants, neuf remplissent des fonctions en vue des intérêts généraux de l'Ordre. Ils portent les titres suivants : 1° Grand Aumônier ; 2° Grand Lieutenant Vice-Président ; 3° Grand Promoteur Général ; 4° Grand Chancelier Secrétaire Général; 5° Grand Secrétaire des Procès-Verbaux ; 6° Grand Trésorier; 7° Grand Porte-Etendard ; 8° Grand Maitre des Cérémonies ; 9° Grand Capitaine d'Armes.

Les cinq premiers hauts dignitaires sont élus pour quatre ans; les neuf autres Conseillers Grands Assistants sont élus pour trois ans et par groupes de trois, de telle sorte qu'il y ait élection chaque année, à la date du 25 mars. Le mode d'élection sera établi par les Règlements Généraux.

Disposition transitoire. — Le premier Conseil Central ne se composant que de onze membres au moment de la promulgation des présents Statuts, il sera complété, le 25 mars 1896, par quatre Chevaliers du Sacré-Cœur, élus Conseillers Grands Assistants. Cette élection, qui aura lieu au sein du Conseil Central , précèdera celle du premier Grand-Maître de l'Ordre. Sur ces quatre nouveaux membres du Conseil, trois seront élus pour un an, et le quatrième pour deux ans. Deux des hauts dignitaires, autres que les cinq premiers, auront leur terme de mandat au 25 mars 1898, et deux autres au 25 mars 1899. Les cinq premiers hauts dignitaires auront ainsi leur terme de mandat au 25 mars 1900.

ART. 31. — Les membres sortants du Conseil Central sont toujours rééligibles.

ART. 32. — L'étendard du Conseil Central est appelé « le Labarum de la Ligue ». Chaque groupe a un étendard appelé « Labarum de la Compagnie » et reproduisant exactement celui du Conseil Central.

ART. 33. — Le Conseil Central a sous sa juridiction directe, répartis dans les diverses zones du territoire, des Chevaliers du Sacré-Cœur portant le titre de Délégués Permanents et Mandataires de Confiance du Conseil Central de l'Ordre.

ART. 34. — Les Règlements Généraux fixeront les attributions des membres du Conseil Central, les rapports dudit Conseil avec les groupes de la Ligue, ainsi que la mission, les droits et privilèges des Délégués Permanents.

TITRE III.

Les Compagnies.

ART. 35. — Les groupes de la Ligue du Labarum se nomment *Compagnies*. Leur autonomie est absolue, en ce sens que non seulement ils sont indépendants les uns des autres, mais encore qu'ils n'ont aucun ordre à recevoir du Conseil Central en aucune circonstance ; ils s'administrent eux-mêmes, en dehors de toute intervention étrangère quelconque ; ils n'ont rien à prélever sur les cotisations de leurs membres, au profit du Conseil Central. Leurs Comités sont maitres chez eux ; ils adoptent les Règlements particuliers qui leur conviennent, les Fondateurs de la Ligue ayant eu pour but de créer et d'entretenir un mouvement général d'opinion contre la Franc-Maçonnerie, et nullement d'instituer, sous prétexte de hiérarchie, une autorité nouvelle transformant les Ligueurs en serviles instruments, comme cela a lieu dans la secte.

ART. 36. —Le lien fédéral réside : dans l'uniformité du mode de fonctionnement ; dans le système commun adopté pour se livrer, chacun dans sa sphère d'action, à une propagande efficace ; dans les relations fraternelles de groupe à groupe ; dans la similitude du cérémonial et des insignes ; dans la reconnaissance, par tous les groupes, d'une catégorie d'affiliés (les Chevaliers du Sacré-Cœur offrant le sacrifice de leur vie) qui appartiennent de fait à la Compagnie à laquelle ils sont inscrits, mais qui, moralement, appartiennent aussi à toute la Ligue ; en un mot, dans tout ce qui constitue l'intérêt général de l'Ordre sans diminuer en rien la liberté particulière des Compagnies.

ART. 37. — Les membres d'une Compagnie, abstraction faite des grades qui marquent seulement le degré d'initiation, se divisent en deux classes : les *Membres Actifs*, qui assistent régulièrement aux réunions ; et les *Membres Correspondants*, qui, habitant trop loin du siège de leur Compagnie, sont seulement en union de prières avec les Membres Actifs. Les Compagnies peuvent également admettre des *Membres Honoraires*, hors classe, ne payant aucune cotisation.

Art. 38. — Chaque Compagnie a à sa tête un Comité général, se composant de dix dignitaires, ayant la préséance dans l'ordre suivant : 1ᵉ Le Commandeur Président ; 2° l'Aumônier ; 3° le Lieutenant Vice-Président ; 4° le Promoteur ; 5° le Secrétaire ; 6° le Trésorier ; 7° le Porte-Étendard ; 8° le Maître des Cérémonies ; 9° le Capitaine d'Armes ; 10° le Messager.

Toute Compagnie qui admettra des Sœurs de Jeanne d'Arc dans son effectif, constituera, pour elles, un Comité particulier, composé d'une Sœur Présidente, d'une Sœur Secrétaire et d'une Sœur Trésorière. Aux réunions spéciales des Sœurs de Jeanne d'Arc, l'Aumônier représente seul les Frères de la Compagnie.

Art. 39. — L'assemblée plénière d'une Compagnie, avec admission d'invités non-ligueurs, se nomme *grand'garde*. La réunion particulière des Sœurs se nomme *garde d'élite*. Les réunions privées des Frères, où l'on ne doit traiter que les questions budgétaires et les affaires de Comité (telles que : organisation de fêtes, enquêtes sur les candidats à l'admission ou à une promotion, examen des Frères qui ne sont pas dans une situation assez indépendante pour laisser connaitre au public leur affiliation, scrutins, etc.), se nomment : *garde*, si les Frères du 1ᵉʳ degré y sont admis ; *garde de réserve*, si la réunion ne se compose que de Chevaliers du Sacré-Cœur et de Soldats de Saint Michel ; *garde d'honneur*, si les Chevaliers du Sacré-Cœur seuls y assistent.

Art. 40. — Pour être en fonctionnement régulier, une Compagnie doit avoir au minimum seize membres actifs. Le nombre maximum des membres d'une Compagnie, tantt actifs que correspondants, est illimité.

Art. 41. — Chaque Compagnie se place, dès sa formation, sous le vocable d'un Saint ou d'une Sainte. Le nom de Sain

Michel ne peut cependant être pris par aucune Compagnie comme titre distinctif, le patronage du glorieux Archange étant étendu à toute la Ligue en général. Un nom déjà pris par une Compagnie ne peut être adopté par une autre.

Art. 42. — Une société catholique déjà organisée (cercle, patronage, comité permanent, etc.) peut adhérer collectivement à la Ligue ou constituer une Compagnie dans son sein par l'adhésion d'un certain nombre de ses membres. Les groupes labaristes de ce genre forment une catégorie à part, sont appelés *Compagnies Auxiliaires*, et les Règlements Généraux statueront sur leur situation dans la Ligue.

Art. 43. — Chaque année, un Congrès National du Labarum, formé des délégués des Compagnies, sera tenu à Paris, sous le nom de *Grande Consulte* : il durera quatre jours, avec ouverture des exercices le 26 septembre et clôture le 29, fête de Saint Michel.

Art. 44. — Les Règlements Généraux fixeront tout ce qui est d'ordre général, dans l'intérêt de la Ligue, relativement aux Compagnies et à la Grande Consulte.

Un chapitre spécial desdits Règlements Généraux sera consacré aux mesures à prendre pour maintenir l'union entre ligueurs et à la procédure à suivre pour l'expulsion rigoureuse de quiconque s'emploierait à semer la discorde dans la fédération du Labarum de France.

Art. 45. — Une fois par an, au jour de la fête du Sacré-Cœur, chaque Compagnie se rendra en corps, mais sans insignes, à l'une des paroisses de la ville où elle a son camp ou à un sanctuaire voisin, et là les Frères et Sœurs du Labarum entendront la Sainte Messe, avec communion générale.

Art. 46. — Les élections, pour les Comités de Compagnie, auront lieu chaque année à la date du 26 décembre, fête de Saint Etienne, premier martyr.

ART. 47. — Chaque année, au jour de la fête de son patron, la Compagnie aura une assemblée solennelle, appelée *Garde Patronale*. En outre, soit au 6 janvier, soit au mois de mai, au jour qui sera jugé le plus propice, chaque Compagnie de la Ligue aura une *Garde Festivale* en l'honneur de la Vénérable Jeanne d'Arc.

TITRE IV.

Contrôle de l'Autorité Diocésaine.

ART. 48.— Dès sa formation, c'est-à dire entre la réception de ses Lettres de Constitution et sa première grand'garde, chaque Compagnie enverra au Chef du diocèse où est établi son camp un exemplaire des Statuts de l'Ordre, accompagné d'une lettre collective des six premiers officiers de son Comité général appelant particulièrement l'attention de S. G. sur les trois derniers articles de ces Grandes Constitutions. Dans cette lettre, qui sera remise à l'Evêché par l'Aumônier de la Compagnie, le groupe ne demandera pas sa reconnaissance officielle, mais fera savoir respectueusement qu'il se soumet, d'une façon absolue et en tous ses faits et gestes, au contrôle de l'Autorité Diocésaine.

ART. 49. — Si le Vénéré Pasteur veut bien accréditer auprès de la Compagnie un ecclésiastique comme son représentant officieux, et sans que le fait ait à être publié, le Délégué de l'Autorité Diocésaine aura place d'honneur au bureau à toutes les grand'gardes et à toutes les réunions de comité ; il assistera, avec l'Aumônier, aux séances particulières de la garde d'élite. Il prendra part à n'importe quelle assemblée de la Compagnie, dès l'appel nominal, et quittera, le dernier, la salle de séance.

Si l'Autorité Diocésaine désire, au contraire, que la plus grande discrétion soit observée à son égard, son Délégué officieux ne sera connu que de l'Aumônier de la Compagnie, lequel le fera agréer au nombre des Membres Honoraires ecclésiastiques et lui conférera, comme tel, le grade de Chevalier du Sacré-Cœur.

Art. 50. — Tous livres et registres de la Compagnie seront toujours tenus à la disposition de l'Autorité Diocésaine par l'intermédiaire de l'Aumônier, qui les communiquera immédiatement au Vénéré Prélat, chaque fois que S. G. voudra bien manifester le désir d'en prendre connaissance.

Du Camp de Paris, siège central de l'Ordre pour la France et ses Colonies, le 19 février 1896, Mercredi des Cendres.

Fr† Paul de Régis,

Grand-Maître Honoraire ad vitam
par élection du 26 novembre 1895,
chargé de la rédaction des Statuts de l'Ordre
par vote unanime des Fondateurs.

CÉRÉMONIAL DES GRAND'GARDES

~~~~~~~~~~

Avant la séance.

Membres du Comité général de la Compagnie qui sont seuls présents dans la salle : le Trésorier (et le Trésorier-adjoint, si le Comité en a un), le Maître des Cérémonies, et le Capitaine d'Armes. Les Frères ligueurs, membres de la Compagnie, font viser, dès leur entrée, leur Carte d'Activité par le Trésorier ; les Sœurs lui remettent leur lettre de convocation. Le Capitaine d'armes, assisté d'un ou de plusieurs commissaires, si l'affluence des assistants l'exige, veille au bon ordre, à l'entrée de la salle. Le Maître des Cérémonies, assisté de ligueurs en situation de ne pas craindre les indiscrétions, dirige le placement des invités non-ligueurs ; les ligueurs, qui jugent utile de ne pas mettre leurs insignes, se mêlent à l'assemblée des invités. Le Labarum est arboré à sa place réglementaire.

Appel.

A l'heure fixée par la convocation, le Maître des Cérémonies vient ouvrir les portes de la salle de comité. Entrent et prennent place à leurs sièges respectifs : le Lieutenant Vice-Président, le Promoteur, le Secrétaire, le Porte-Etendard et le Messager.

Tout le monde est assis.

Le Lieutenant Vice-Président. — Frère Promoteur, veuillez procéder à l'appel.

Le Promoteur, seul debout, ayant sa feuille d'appel où les noms de ligueurs inscrits à la Compagnie sont dans le même
~~~~~~~~~~

ordre que sur le registre du Trésorier, fait l'appel, et les membres présents, Frères ou Sœurs, ne doivent pas répondre ; c'est le Trésorier qui répond à leur place.

RÉPONSES. — « *Présent* », pour les Frères qui ont fait viser leur Carte d'Activité en entrant, et pour les Sœurs qui ont remis leur lettre de convocation. — « *Absent excusé* », pour les Frères qui, ne pouvant assister à la grand'garde, ont envoyé une lettre d'excuse, et pour les Sœurs habitant la ville et absentes (les Sœurs sont toujours excusées aux grand'-gardes, leur présence n'étant pas obligatoire). — *Absent sans motif connu* », pour les Frères qui n'ont pas prévenu qu'ils ne pourraient assister à la séance. — « *En union de prières* », pour les Membres Correspondants, Frères et Sœurs.

L'appel se termine par les noms des Frères et Sœurs de la Compagnie, décédés après avoir offert à Dieu le sacrifice de leur vie pour la conversion des francs-maçons. Le Trésorier répond : « *Mort au champ d'honneur.* »

Introduction des hauts dignitaires.

Le Lieutenant Vice-Président. — Frère Promoteur, vous pouvez requérir l'introduction de nos hauts dignitaires.

Le Promoteur. — Frère Porte-Etendard, Frère Maître des Cérémonies, Frère Capitaine d'armes, et vous aussi, Frère Messager, veuillez vous grouper ; et rendez-vous, pour les conduire ici, auprès des hauts dignitaires de cette Compagnie : notre cher et respecté Commandeur Président, notre cher et vénéré Aumônier, et notre chère et bien méritante Sœur Présidente de la garde d'élite, ainsi que le digne Délégué de l'Autorité diocésaine et le digne Frère Délégué général du Conseil Central de l'Ordre, s'ils ont bien voulu venir parmi nous. Vous leur ferez escorte, et vous prierez de se joindre à eux les Délégués de Comités des Sociétés amies qui daignent nous honorer de leur présence.

Le Porte-Etendard prend le Labarum, et, suivi des trois autres Frères qui viennent d'être désignés, se rend à la salle de comité. Tout le monde se lève à la rentrée du Labarum.

L'introduction des hauts dignitaires a lieu dans cet ordre : 1º le Porte-Etendard, portant le Labarum ; 2º le Commandeur Président, ayant à sa droite le Maître des Cérémonies et à sa gauche le Capitaine d'armes ; 3° l'Aumônier de la Compagnie et la Présidente de la garde d'élite ; 4° le Délégué de l'Autorité diocésaine et le Frère Délégué général du Conseil Central de l'Ordre ; 5° les Délégués de Comités des Sociétés amies ; 6° le Messager, fermant la marche.

Le cortège se dirige vers le bureau, et en route s'arrête devant le siège de la Présidente (au premier rang de l'assistance, faisant face au bureau, entre la Sœur Secrétaire et la Sœur Trésorière de la garde d'élite); la Sœur Présidente prend place ; ensuite, les hauts dignitaires et les délégués montent à l'estrade où est le bureau, et prennent place ; le Labarum est de nouveau arboré à sa place réglementaire ; les Frères Maître des Cérémonies, Capitaine d'armes et Messager, qui sont demeurés au pied de l'estrade, vont à leurs places respectives.

(Si un Chevalier visiteur, d'un rang plus élevé que le Commandeur Président de la Compagnie, ou quelque illustre visiteur non-ligueur méritant des honneurs particuliers, s'est rendu à la grand'garde, le Président ordonne son introduction solennelle, le fait placer auprès de lui au bureau et lui souhaite la bienvenue dans une brève allocution.)

Ouverture de la séance.

Le Commandeur Président. — Mesdames et messieurs, mes Sœurs et mes Frères, nous allons ouvrir la séance de grand'garde.... (*Signe de la Croix :* Au nom du Père, et du Fils, et du Saint-Esprit, ainsi soit-il.)

Tout le monde est debout.

Le Commandeur Président dit la grande prière de Léon XIII à Saint Michel Archange :

« Très glorieux Prince des milices célestes, Saint Michel Archange, défendez-nous dans le combat et la lutte que nous soutenons contre les principautés et les puissances infernales, contre les mauvais esprits qui gouvernent ce siècle de ténèbres, contre ces esprits de perversité répandus dans l'air.

« Venez au secours des hommes, que Dieu a créés avec une

âme immortelle, qu'il a faits à son image, et qu'il a rachetés à grand prix de la tyrannie du diable.

« Combattez aujourd'hui les combats du Seigneur avec l'armée des bienheureux anges, comme vous avez combattu autrefois contre Lucifer, prince de l'orgueil, et ses anges apostats, qui furent vaincus et perdirent à jamais leur place dans le Ciel. Il fut précipité hors des cieux, ce dragon immense, ce vieux serpent qui est appelé diable et Satan, qui s'est fait le séducteur du monde ; et il a été précipité sur la terre, et ses mauvais anges s'y sont jetés avec lui.

« Mais voici que cet antique ennemi, cet homicide, se redresse avec violence. Se transformant en ange de lumière, avec toute sa bande d'esprits malfaisants il rôde partout et envahit la terre, afin d'y effacer le nom de Dieu et de son Christ, et pour ravir les âmes à la couronne de gloire sans fin qui leur est destinée, pour faire leur ruine et les plonger dans la mort éternelle.

« Dragon malfaisant, il transfuse, comme un fleuve immonde, le virus de sa perversité en des hommes à l'âme dépravée et au cœur corrompu ; il leur communique son esprit de mensonge, d'impiété et de blasphème ; il les anime du souffle mortel de la luxure, de tous les vices et de toutes les iniquités.

« Des ennemis pleins d'astuce ont abreuvé d'amertumes, ont saturé d'absinthe l'Eglise, épouse de l'Agneau immaculé ; ils ont porté leurs mains impies sur tout ce qu'elle a de plus cher. Où est le siège du bienheureux Pierre, où la Chaire de Vérité a été établie pour éclairer les nations, là même ils ont dressé le trône de leur abominable impiété, comptant réussir ainsi à détruire le troupeau, après avoir frappé le Pasteur.

« Venez donc, Chef invincible, venez soutenir le peuple de Dieu contre cette invasion des esprits du mal, et remportez la victoire.

« En vous la Sainte Eglise vénère son gardien et son patron ; en vous elle glorifie son défenseur contre les puissances scélérates de la terre et des enfers ; à vous le Seigneur a confié les âmes des humains rachetés, pour être conduites au séjour de la félicité céleste.

« Suppliez donc le Dieu de paix d'écraser Satan sous nos pieds, afin qu'il ne puisse pas retenir plus longtemps les hommes en esclavage, ni plus longtemps nuire à l'Eglise.

« Portez nos prières devant le Très-Haut, afin qu'au plus tôt les miséricordes du Seigneur nous soient accordées ; et saisissez le Dragon, ce vieux serpent qui est le diable, qui est Satan ; liez-le et jetez-le dans l'abîme, de telle sorte qu'il ne séduise plus désormais les nations. »

L'assemblée. — Ainsi soit-il.

Tout le monde s'agenouille.

L'Aumônier. — « *Veni, Sancte Spiritus.* »

L'assemblée. — « *Reple tuorum corda fidelium et tui amoris in eis ignem accende.* »

L'Aumônier. — « *Emitte Spiritum tuum et creabuntur.* »

L'assemblée. — « *Et renovabis faciem terræ.* »

L'Aumônier. — « *Oremus : Deus qui corda fidelium Sancti Spiritus illustratione docuisti, da nobis in eodem spiritu recta sapere et de ejus semper consolatione gaudere, per Christum Dominum nostrum.* »

L'assemblée. — « *Amen.* »

L'Aumônier. — « *Oremus pro Pontifice nostro Leone.* »

L'assemblée. — « *Dominus conservet eum et vivificet eum ; et beatum faciat eum in terra, et non tradat eum in animam inimicorum ejus.* »

L'Aumônier. — « *Tu es Petrus.* »

L'assemblée. — « *Et super hanc petram ædificabo Ecclesiam meam.* »

L'Aumônier. — « *Oremus : Omnipotens sempiterne Deus, miserere famulo tuo Pontifici nostro Leone, et dirige eum secundum tuam clementiam in viam salutis æternæ ; ut, te donante, tibi placita cupiat, et tota virtute perficiat. Per eumdem Christum Dominum nostrum.* »

L'assemblée. — « *Amen.* »

L'Aumônier. — « Cœur sacré de Jésus ! »

L'assemblée. — « Ayez pitié de nous ! »

L'Aumônier. — « Cœur immaculé de Marie ! »

L'assemblée. — « Intercédez pour nous ! »

L'Aumônier. — « Saint Michel Archange ! »

L'assemblée. — « Priez pour nous ! » (*Signe de la Croix.*)

Le Commandeur Président, se levant. — Debout, pour le Cri de Ralliement!

Tout le monde se lève.

Le Commandeur Président. —Tous pour Dieu, mes Sœurs et mes Frères!... Acclamons la Croix qui nous donnera la victoire.... *A Cruce!*

On répond, tous avec ensemble : — *A Cruce!*

Le Commandeur Président. — *Victoria!*

Tous. — *Victoria! victoria!*

On se rassied ensuite, dès que le Président s'est rassis.

Le Commandeur Président. — La séance de grand'garde est ouverte. Passons à l'ordre du jour.

Exercices.

Les exercices de grand'garde sont consacrés : soit à des initiations complètes aux grades de *Légionnaire de Constantin* (1er degré des Frères), de *Soldat de Saint Michel* (2e degré), et de *Sœur de Jeanne d'Arc* (degré unique des Sœurs), soit à la première partie de l'initiation (dite enseignement) d'un *Chevalier du Sacré-Cœur* (3e et dernier degré); soit à des conférences attrayantes et instructives, en vue de la propagande anti-maçonnique.

Toutefois, en séance de grand'garde, on pourra faire aussi la remise des insignes aux Frères récemment reçus au grade de *Chevalier du Sacré-Cœur*. Dans ce cas, le Promoteur félicitera et exhortera les nouveaux initiés, dans une courte harangue qui servira en même temps à faire connaître à l'assemblée le noble but que poursuit la Ligue, c'est-à-dire sa mission de combat basée sur la piété, le zèle et le dévouement pouvant aller jusqu'au sacrifice absolu pour le triomphe de la Sainte Eglise.

La sanction des grand'gardes de propagande sera, aussi souvent que possible, un ordre du jour, dont le Promoteur donnera lecture au moment utile, et que le Président soumettra au vote de l'assemblée, tant ligueurs qu'invités, pour le faire insérer ensuite dans les journaux qui approuvent notre œuvre

Entrée d'un Chevalier du Sacré-Cœur

MEMBRE D'UNE AUTRE COMPAGNIE.

Dans le cas où un Parfait Chevalier du Sacré-Cœur, appartenant à une autre Compagnie, se présente à la séance de grand'garde pendant l'article de l'ordre du jour qui suit les prières d'ouverture, le Capitaine d'armes le fait conduire par le Messager dans la salle de comité. Là, le Chevalier Visiteur attend, et le Commandeur Président est informé de sa présence par un billet du Capitaine d'armes.

Avant de passer à l'article suivant de l'ordre du jour, le Président fait examiner le Chevalier Visiteur, afin que, s'il est en règle, l'entrée lui soit donnée, sans qu'on exige de lui son nom d'état-civil (1).

L'examen a lieu dans les formes suivantes :

Le Frère Messager conduit auprès du Capitaine d'armes le Chevalier Visiteur, qui a revêtu ses insignes et se tient debout.

Le Président. — Mes Sœurs et mes Frères, nous interrompons pour un instant l'ordre du jour. Un visiteur, se disant Parfait Chevalier du Sacré-Cœur, mais nous étant inconnu, sollicite l'honneur d'être admis parmi nous. Très cher Frère Promoteur, veuillez lui poser les questions d'entrée, et vous, très cher Frère Maître des Cérémonies, apprêtez-vous à nous présenter ce visiteur, s'il est vraiment un Parfait Chevalier du Sacré-Cœur, comme il le dit.

Le Maître des Cérémonies quitte sa place et vient se mettre auprès du visiteur, qui est ainsi entre lui et le Capitaine d'armes.

Le Promoteur, sans quitter sa place. — Monsieur, vous

(1) Cette cérémonie n'a lieu que si le Chevalier Visiteur est au nombre des ligueurs du 3ᵉ degré qui ont offert leur vie en sacrifice à Dieu pour la conversion des francs-maçons. Ceux-ci sont déclarés *Parfaits Chevaliers* et ont droit de visite en toutes Compagnies, sur la seule production de leur Carte d'Activité. Les autres Chevaliers du Sacré-Cœur qui se bornent, dans leur prière quotidienne, à l'Acte de résignation à la mort, doivent, pour assister à la grand'garde d'une autre Compagnie que la leur, se munir d'une lettre d'invitation, demandée au préalable au Président.

qui vous dites Parfait Chevalier du Sacré-Cœur, mais qui nous êtes inconnu, que venez-vous faire ici ?

Le Chevalier Visiteur. — Je viens exalter mon âme par la méditation de la mort glorieuse d'un grand martyr.

Le Promoteur. — Quel martyr ?

Le Chevalier Visiteur. — Le fidèle et parfait Chevalier du Sacré-Cœur, qui, au sortir de la Sainte Table, tomba sous les coups de cinq assassins francs-maçons.

Le Promoteur. — Comment nommez-vous ce juste ?

Le Chevalier Visiteur. — Garcia Moreno.

Le Promoteur. — Vengerez-vous sa mort ?

Le Chevalier Visiteur. — Oui, par l'arme triomphante des Parfaits Chevaliers du Sacré-Cœur.

Le Promoteur. — Quelle est cette arme ?

Le Chevalier Visiteur. — Le sacrifice de ma vie offert chaque jour à Dieu pour la conversion des francs-maçons.

Le Promoteur. — Vous êtes donc prêt à mourir ?

Le Chevalier Visiteur. — Ma vie est entre les mains de Dieu. Je lui demande de la prendre, en échange de la conversion d'une âme égarée dans la secte impie qui a juré de détruire la Sainte Eglise.

Le Promoteur. — A ces paroles, je vous reconnais pour un Frère d'armes, digne de notre admiration et de notre plus grand respect.

Le Maître des Cérémonies (qui, pendant ce colloque, a vérifié la Carte d'Activité du Visiteur). — Frère Promoteur, le Chevalier Visiteur qui est auprès de moi ne nous trompe pas : il est membre actif de la Compagnie (*nom de la Compagnie*), au camp de (*nom de la ville*) ; son état de service est en règle.

Le Promoteur. — Veuillez faire signer le Chevalier sur le registre des Visiteurs.

Le Chevalier Visiteur est conduit à la table où est le registre ; il signe.

Le Maître des Cérémonies, après avoir examiné la signature.— Frère Promoteur, la signature que ce Parfait Chevalier vient de donner est conforme à celle du *ne varietur*.

Le Promoteur. — Frère Maître des Cérémonies, quel est le nom du Parfait Chevalier ?

Le Maître des Cérémonies. — Il se nomme le Frère (*nom de ligueur du visiteur*).

Le Promoteur. — Très cher Commandeur, notre respecté Président, j'ai l'honneur de requérir l'entrée à cette séance de grand'garde, en faveur du Frère (*nom de ligueur du visiteur*), Parfait Chevalier du Sacré-Cœur, membre actif de la Compagnie (*nom de la Compagnie*), au camp de (*nom de la ville*).

Le Commandeur Président. — Que l'entrée lui soit donnée.

Le Maître des Cérémonies. — Chevalier mon Frère, vous êtes admis dans cette assemblée. Veuillez permettre que je vous accompagne à la place qui vous est due.

Le Président désigne une place sur l'estrade, et le Chevalier Visiteur, accompagné du Maître des Cérémonies, s'y rend, après que tous les membres du bureau, à l'exemple du Président, se sont levés pour lui faire honneur.

Le Promoteur, s'adressant au Chevalier Visiteur, lorsque celui-ci est arrivé à sa place. — Chevalier (*nom de ligueur du Visiteur*), très cher et respecté Frère d'armes, que direz-vous, si nos ennemis vous surprennent et se jettent sur vous pour vous mettre à mort?

Le Chevalier Visiteur. — *Dios no muere!* (1)

Le Commandeur Président. — Chevalier, soyez le bienvenu.... *A Cruce?*

Le Chevalier Visiteur. — *Victoria! victoria!*

Le Président et le Visiteur s'asseoient en même temps, et les membres du bureau ensuite. Le Maître des Cérémonies retourne à sa place.

Le Commandeur Président. — Mes Sœurs et mes Frères, nous reprenons la suite de l'ordre du jour.

Clôture de la séance.

Le Commandeur Président. — L'ordre du jour étant épuisé, nous allons procéder à la clôture des exercices de cette grand'garde. Agenouillons-nous, mes Sœurs et mes Frères, devant Dieu qui nous voit, nous entend et nous juge.

Tout le monde s'agenouille, en faisant le signe de la Croix.

---

(1) Dernières paroles de Garcia Moreno. On les interprète ainsi : « Vous avez pu m'assassiner ; mais vous ne sauriez atteindre Dieu. *Dieu ne meurt pas !* » Telle fut la pensée suprême de l'héroïque chrétien, expirant.

L'Aumônier. — Prions pour la conversion des francs-maçons. Nous allons dire, tous ensemble, le *Salve, Regina,* à cette intention.

L'assemblée. — « *Salve, Regina, Mater misericordiæ, vita, dulcedo et spes nostra, salve. Ad te clamamus, exules filii Evæ. Ad te suspiramus, gementes et flentes in hac lacrymarum valle. Eia ergo, advocata nostra, illos tuos misericordes oculos ad nos converte. Et Jesum, benedictum fructum ventris tui, nobis post hoc exilium ostende. O clemens, ô pia, ô dulcis Virgo Maria !* »

L'Aumônier. — « *Ora pro nobis, sancta Dei Genitrix.* »

L'assemblée. — « *Ut digni efficiamur promissionibus Christi.* »

L'Aumônier. — « *Oremus : Concede nos famulos tuos, quæsumus, Domine Deus, perpetua mentis et corporis sanitate gaudere, et gloriosa beatæ Mariæ semper virginis intercessione a præsenti liberari tristitia et æterna perfrui lætitia. Per Christum Dominum nostrum.* »

L'assemblée. — « *Amen.* »

L'Aumônier. — « Aimé soit partout le Sacré-Cœur de Jésus ! »

L'assemblée. — « Aimé soit partout le Sacré-Cœur de Jésus ! » (*Signe de la Croix.*)

Le Commandeur Président, se levant. — Debout, pour le Cri de Ralliement !

Tout le monde se lève.

Le Commandeur Président. — Tous pour Dieu, mes Sœurs et mes Frères !... Acclamons la Croix qui nous donnera la victoire.... *A Cruce !*

Tous. — *A Cruce !*

Le Commandeur Président. — *Victoria !*

Tous. — *Victoria ! victoria !*

Le Commandeur Président. — La grand'garde de ce jour est terminée.

EXTRAIT DU RITUEL

DES

CHEVALIERS DU SACRÉ-CŒUR

Actes de Résignation à la mort.

I.

Prière que tout Chevalier du Sacré-Cœur doit dire chaque matin :

« Souverain Maître de la vie et de la mort, ô Dieu, qui, par un arrêt immuable, et pour punir le péché, avez arrêté que tous les hommes mourraient une fois ; me voici prosterné humblement devant vous, résigné à subir cette loi de votre justice. Je déplore, dans l'amertume de mon âme, tous les crimes que j'ai commis. Pécheur rebelle, j'ai mérité mille fois la mort ; je l'accepte en expiation de tant de fautes ; je l'accepte par obéissance à vos adorables volontés ; je l'accepte en union avec la mort de mon Sauveur.... Que je meure donc, ô mon Dieu, dans le temps, dans le lieu, de la manière qu'il vous plaira de l'ordonner !.... Je profiterai du temps que votre miséricorde me laissera, pour me détacher de ce monde où je n'ai que quelques instants à passer et pour préparer mon âme à vos terribles jugements.... Je m'abandonne sans réserve entre les mains de votre Providence toujours paternelle. Que votre sainte volonté soit faite en tout et toujours. Ainsi soit-il.

« *Moriatur anima mea morte justorum.* »

II.

Prière à dire le soir, avant de se coucher :

« Mon Dieu, voici encore une journée d'écoulée, et vous m'avez laissé vivre. Votre miséricorde m'a accordé un jour de plus pour me repentir de mes péchés, et à mes fautes passées j'ai ajouté d'autres fautes ! O mon Dieu, que mon indignité est grande ! combien je suis coupable ! mais, je vous en conjure, pardonnez-moi ; je m'humilie, je me repens ; secourez-moi ! soutenez-moi dans ma faiblesse, car j'ai la ferme résolution de ne plus vous offenser !

« Prosterné devant le trône de votre adorable majesté, je viens vous demander, ô mon Dieu, la dernière de toutes les grâces, la grâce d'une bonne mort. Quelque mauvais usage que j'aie fait de la vie que vous m'avez donnée, accordez-moi de la bien finir, et de mourir dans votre amour.

« Que je meure comme les saints Patriarches, quittant sans regret cette vallée de larmes, pour aller jouir du repos éternel dans ma véritable patrie !

« Que je meure comme le bienheureux Saint Joseph, entre les bras de Jésus et de Marie, en répétant ces doux noms que j'espère bénir pendant toute l'éternité !

« Que je meure comme la Très Sainte Vierge, embrasé de l'amour le plus pur, brûlant du désir de me réunir à l'unique objet de toutes mes affections !

« Que je meure comme Jésus sur la Croix, dans les sentiments les plus vifs de haine pour le péché, d'amour pour mon Père céleste, et de résignation au milieu des souffrances !

« Père saint, je remets mon âme entre vos mains : faites-moi miséricorde.

« Jésus, qui êtes mort par amour pour moi, accordez-moi la grâce de mourir dans votre amour.

« Sainte Marie, mère de Dieu, priez pour moi, pauvre pécheur, maintenant et à l'heure de ma mort.

« Ange du ciel, fidèle gardien de mon âme, grands Saints que Dieu m'a donnés pour protecteurs, ne m'abandonnez pas à l'heure de ma mort.

« Saint Joseph, obtenez-moi, par votre intercession, que je meure de la mort des justes. Ainsi soit-il. »

Les Parfaits Chevaliers du Sacré-Cœur, qu leur zèle et leur piété pousseront à ne pas se contenter de prononcer ces deux Actes de résignation à la mort, ajouteront, le soir :

« Mon Dieu, si le sacrifice de ma vie peut vous être agréable, acceptez-le, comme prix du salut de quelqu'une de ces pauvres âmes égarées dans la secte maçonnique, si dangereusement trompées par Satan Oui, que je meure, et que ces malheureux soient arrachés à l'abîme ! Prenez ma vie, ô mon Dieu, prenez-la pour la conversion des francs-maçons. *Moriatur anima mea morte justorum.* »

Saint-Etienne, imp. BOY, rue de la Loire.